ED EMBERLEY
Desenhando ANIMAIS

8ª impressão

PANDA BOOKS

© Edward R. Emberley

Esta edição foi publicada com a autorização da Little, Brown and Company (Inc), Nova York, NY, EUA. Todos os direitos reservados.

Direção editorial
Marcelo Duarte
Patth Pachas
Tatiana Fulas

Coordenação editorial
Vanessa Sayuri Sawada

Assistentes editoriais
Henrique Torres
Laís Cerullo
Guilherme Vasconcelos

Diagramação
Ana Miadaira

Impressão
PifferPrint

CIP-BRASIL. CATALOGAÇÃO NA FONTE
SINDICATO NACIONAL DOS EDITORES DE LIVROS, RJ

Emberley, Ed, 1931-
Desenhando animais/ Ed Emberley; [tradução Tatiana Fulas]. – São Paulo: Panda Books, 2008. 36 pp.

Tradução de: Drawing book of animals
ISBN: 978-85-88948-64-8

1. Animais na arte – Literatura infantojuvenil. 2. Desenho – Técnica – Literatura infantojuvenil. I. Título.

08-0336. CDD: 741.2
 CDU: 741.02

2023
Todos os direitos reservados à Panda Books.
Um selo da Editora Original Ltda.
Rua Henrique Schaumann, 286, cj. 41
05413-010 – São Paulo – SP
Tel./Fax: (11) 3088-8444
edoriginal@pandabooks.com.br
www.pandabooks.com.br
Visite nosso Facebook, Instagram e Twitter.

Nenhuma parte desta publicação poderá ser reproduzida por qualquer meio ou forma sem a prévia autorização da Editora Original Ltda. A violação dos direitos autorais é crime estabelecido na Lei nº 9.610/98 e punido pelo artigo 184 do Código Penal.

PARA O GAROTO QUE EU FUI,
O LIVRO QUE NUNCA ENCONTREI

Ed Emberley

SE VOCÊ CONSEGUE DESENHAR ESTAS FIGURAS, LETRAS, NÚMEROS E COISAS, →

VOCÊ SERÁ CAPAZ DE DESENHAR TODOS OS ANIMAIS DESTE LIVRO.

POR EXEMPLO:

PARA DESENHAR ESTE GIRINO   VOCÊ DEVE USAR ● S • |

PARA DESENHAR ESTE PÁSSARO   VOCÊ DEVE USAR O D ▲▲ • ||| V V

OS MODELOS DA PÁGINA AO LADO MOSTRAM COMO DESENHAR.

DIVIRTA-SE!

△ ○ ▭
▲ ● ▬

FIGURAS

Y J L
C D S
V W M
U

LETRAS

1 2 3

NÚMEROS

·   PONTO PEQUENO
●   PONTO GRANDE
↓   PATA DE PÁSSARO
◉   CACHO
〰   RABISCO
🌀   RABISCO ENROLADO

COISAS

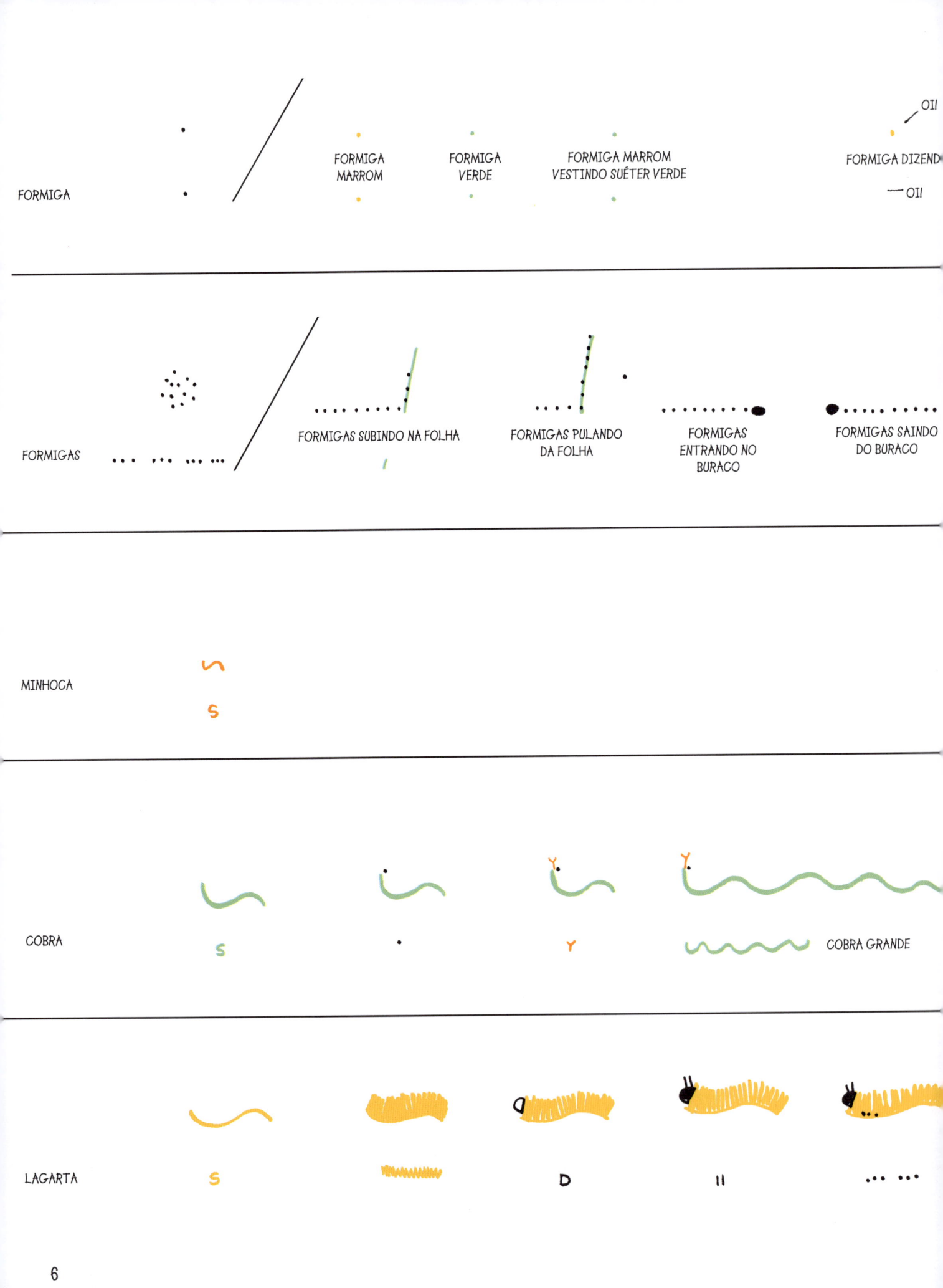

FORMIGA	·	/	FORMIGA MARROM ·	FORMIGA VERDE ·	FORMIGA MARROM VESTINDO SUÉTER VERDE · ·	FORMIGA DIZENDO "OI!"

FORMIGAS	··· ··· ···	/	FORMIGAS SUBINDO NA FOLHA	FORMIGAS PULANDO DA FOLHA	FORMIGAS ENTRANDO NO BURACO	FORMIGAS SAINDO DO BURACO

MINHOCA	s

COBRA	s	·	Y		COBRA GRANDE

LAGARTA	s		D	ll	··· ···

6

GIRINO	●	S	.	ı		GIRINO FELIZ	GIRINO NERVOSO

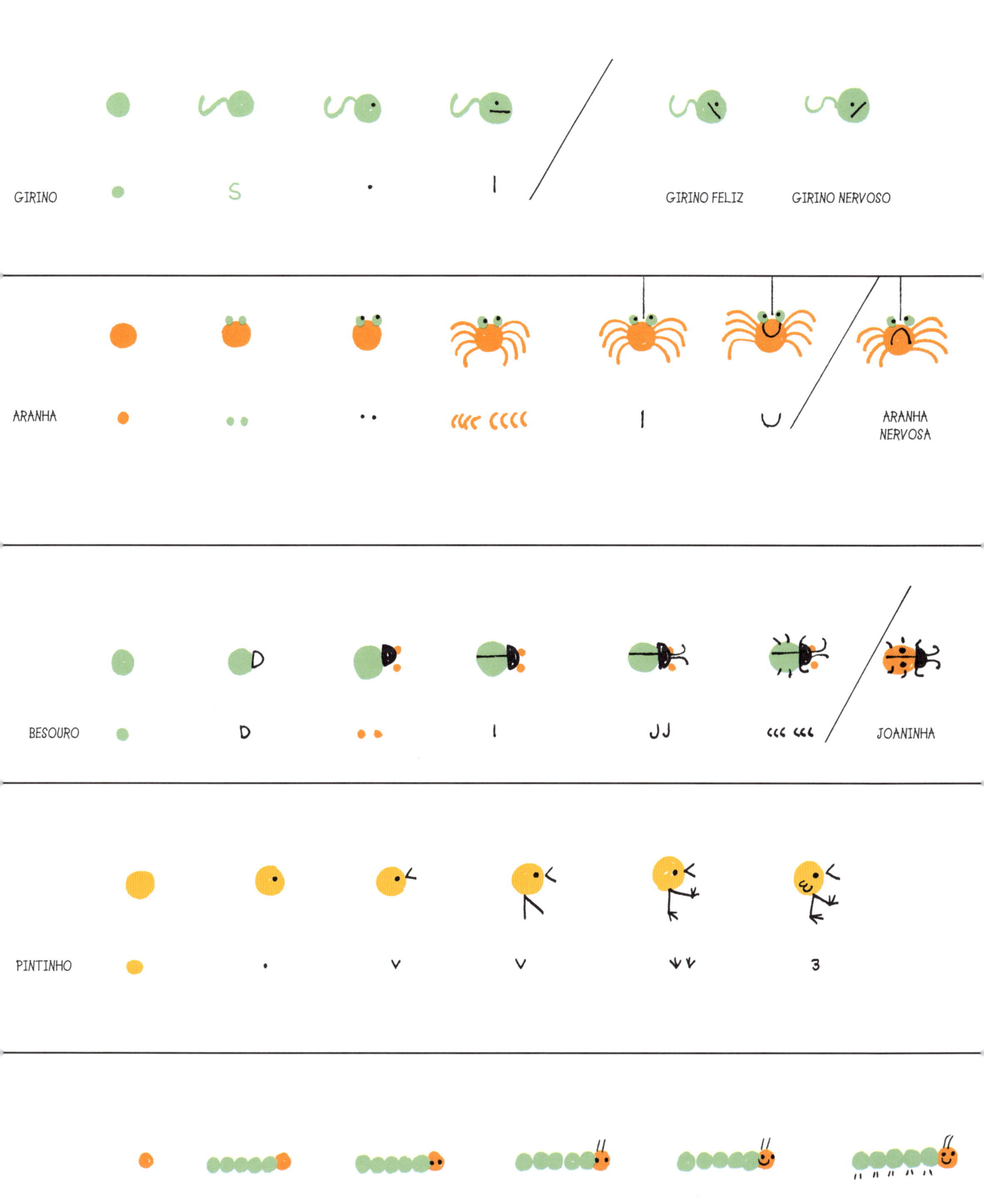

ARANHA	●	● ●	. .	ccc cccc	ı	U	ARANHA NERVOSA

BESOURO	●	D	. .	ı	JJ	ccc ccc	JOANINHA

PINTINHO	●	.	v	v	v v	3	

OUTRA MINHOCA	●	● ● ● ●	. .	ıı	U	ıı ıı ıı ıı	

PORCO-ESPINHO

TARTARUGA

PEIXE

RATO

PÁSSARO

PORCO-ESPINHO SENTADO	PORCO-ESPINHO DORMINDO	PORCO-ESPINHO PULANDO UMA PEDRA	

| | TARTARUGA DORMINDO | TARTARUGA DANÇANDO | TARTARUGA PATINANDO NA CHUVA |

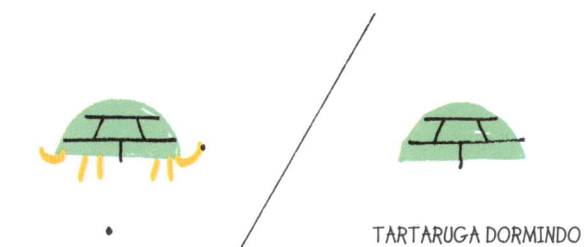

PEIXE NADANDO DE COSTAS

RATO VISTO DE CIMA

CORVO

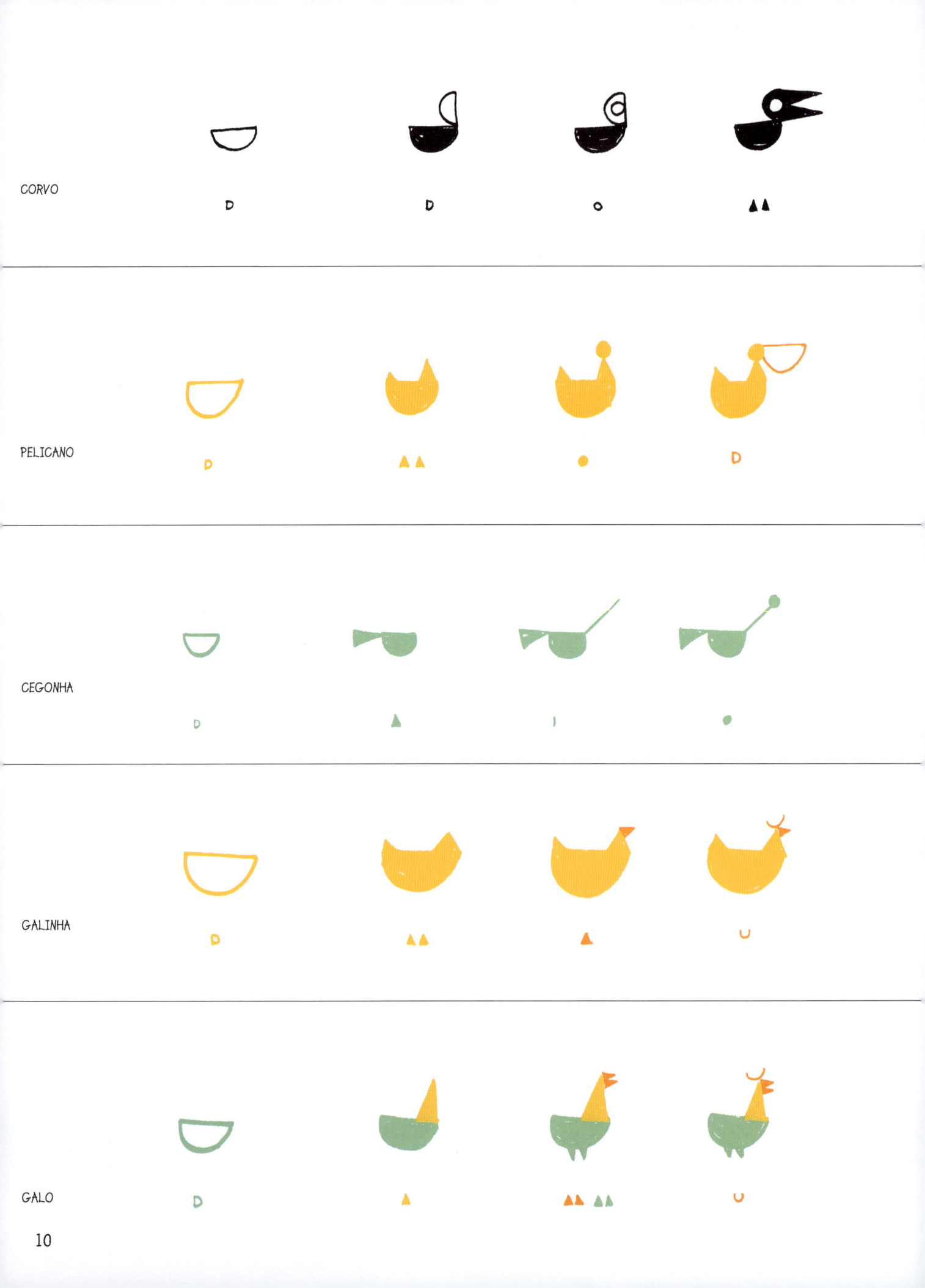

PELICANO

CEGONHA

GALINHA

GALO

▲ ||↓↓   •   DD CRA!

                ||—   •   3

▲   ∧   •↓↓   LL

w ||↓↓   3   •

w   ccc   •3 ||↓↓

11

CORUJA

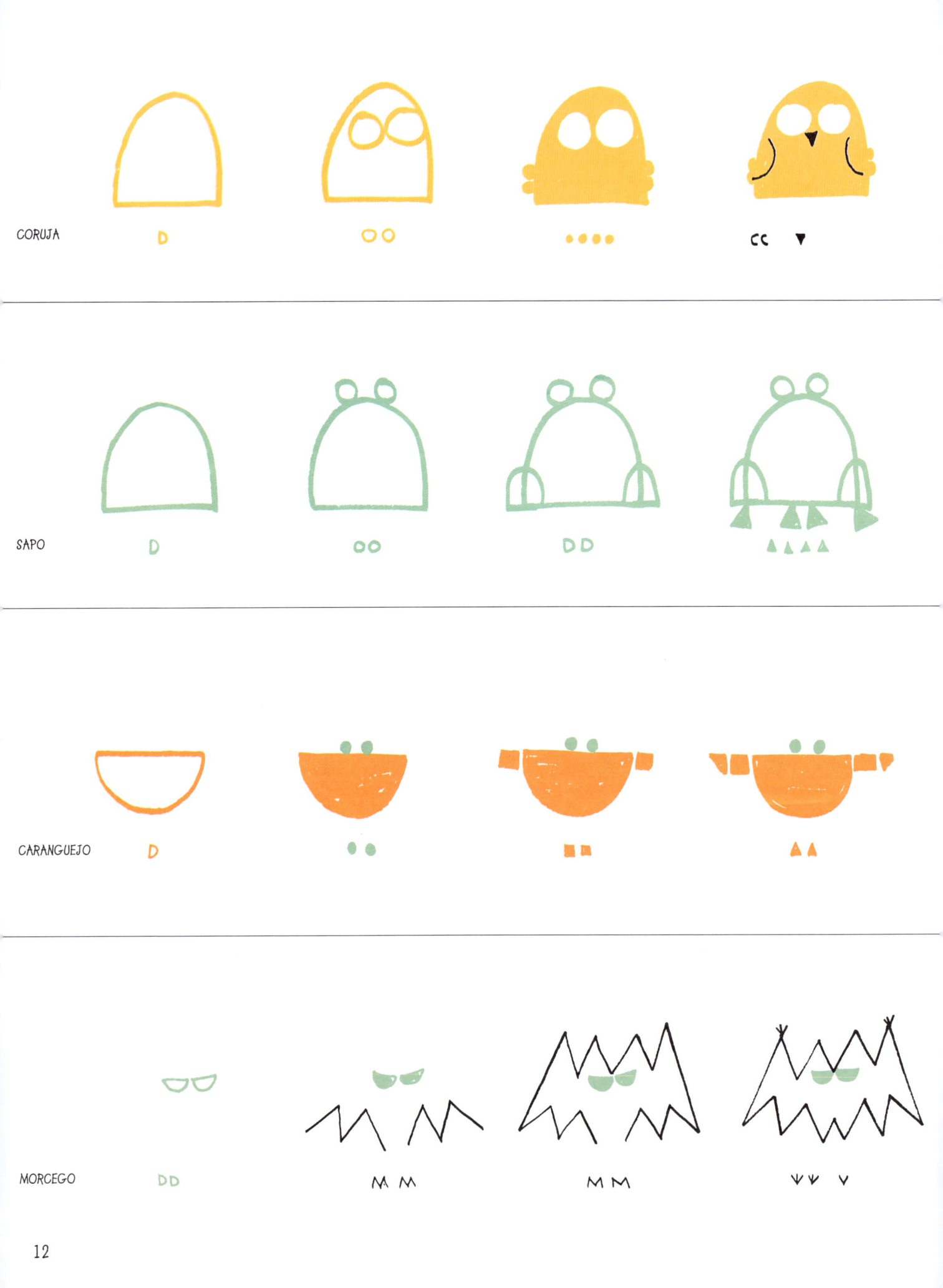

SAPO

CARANGUEJO

MORCEGO

ll↓↓	333		▷— •↓

ll∪	..•	SAPO COAXANDO	SAPO DORMINDO

ᗞ ᗞ	▲ ▲	((( )))	亅亅

.. l		MORCEGO DE COSTAS	BEBÊ MORCEGO

13

GATO SENTADO

GATO CORRENDO

TIGRE

LEÃO

14

υ υ

υ

‖‖ ‖‖

GATO GORDO

J cccc

‿‿ ‿‿ ‖

((((((

GATO PRETO CORRENDO EM OUTRA DIREÇÃO

Y

/// /// //

▲▲▲▲▲▲▲▲▲▲▲

Y

v v v

))))))))

CÃO

BULDOGUE

BASSÊ

CÃO PELUDO   RABISCO   RABISCO   RABISCO

16

CÃO SENTADO   CÃO PEDINDO

BASSÊ VESTINDO SUÉTER

RABISCO

GUAXINIM

RAPOSA

LOBO

LOBO CORRENDO

18

LOBO OLHANDO PARA OUTRO LADO

PORCO SENTADO

PORCO EM PÉ

ELEFANTE

cc | l | 22 | @ vv

c | vvvv @ | PORCO COM CAMISETA | PORCO COM CALÇAS

■■■■ c | σσ σσ σσσσ • | c v • ELEFANTE OLHANDO PARA VOCÊ

21

CAVALO

ALCE

BODE

CARNEIRO

22

▲▲∪·	┃ SSSSS	BURRO	UNICÓRNIO

▲ DD	∪	Y YYY	ALCE COMENDO

⌒ D ⌑⌑ ·	⌒ ⌑⌑⌑ ⌑⌑⌑⌑	BODES TROMBANDO

D · •

23

MAIS PEIXES

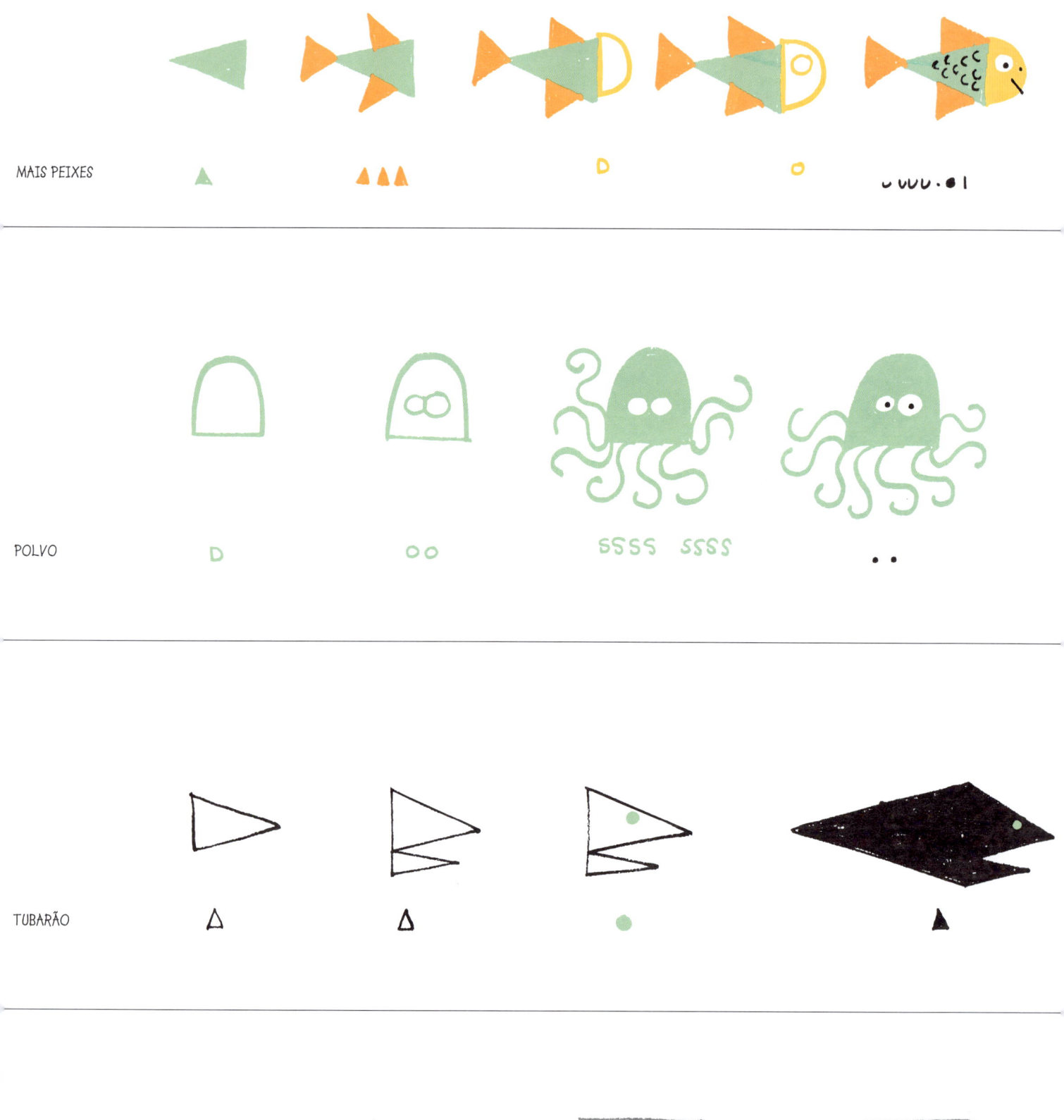

POLVO

TUBARÃO

BALEIA

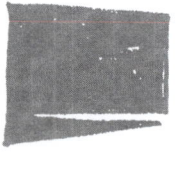

24

POLVO OLHANDO   POLVO SORRINDO   POLVO MALVADO

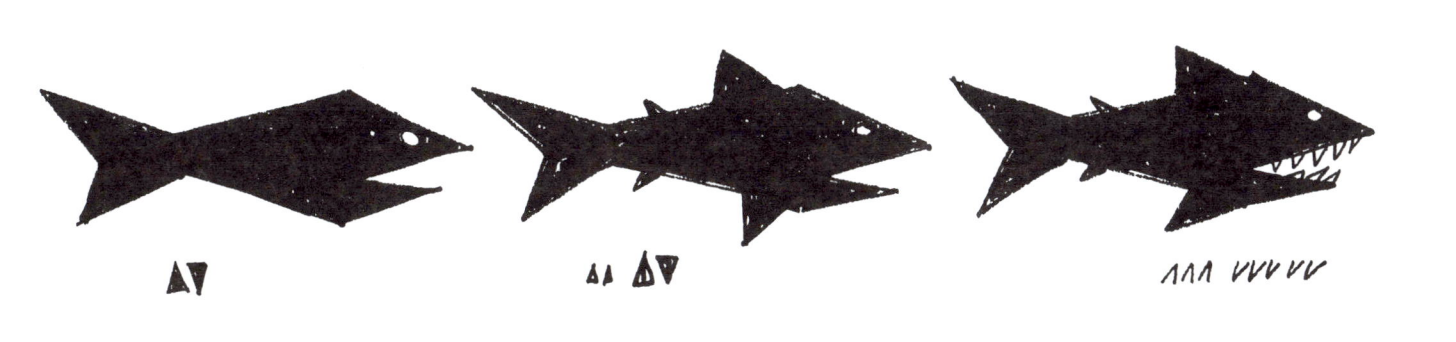

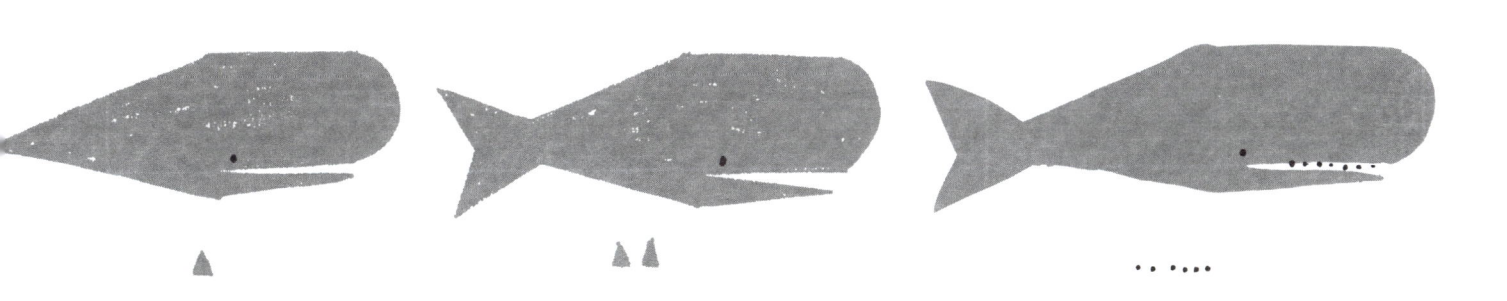

MACACO
VISTO DE FRENTE

MACACO
VISTO DE LADO

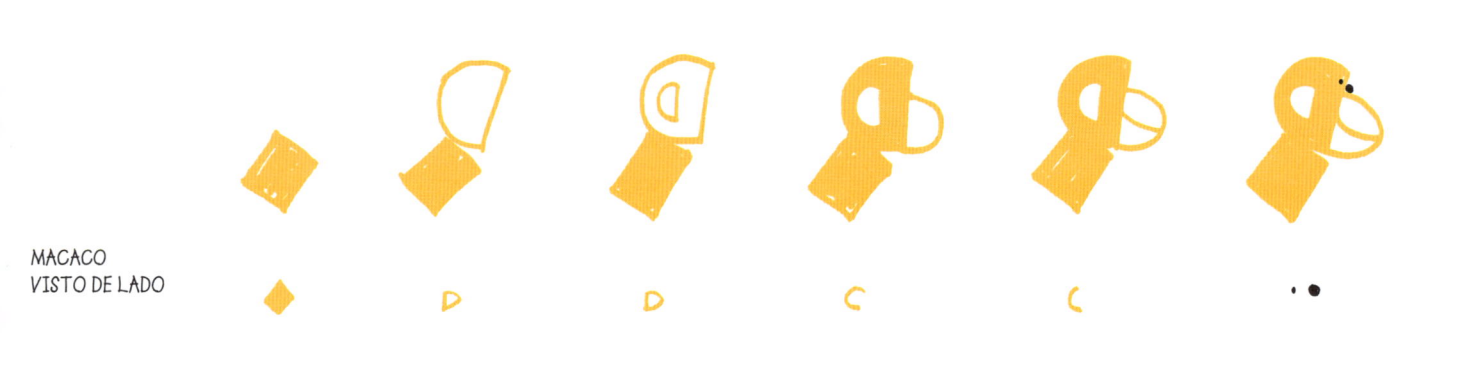

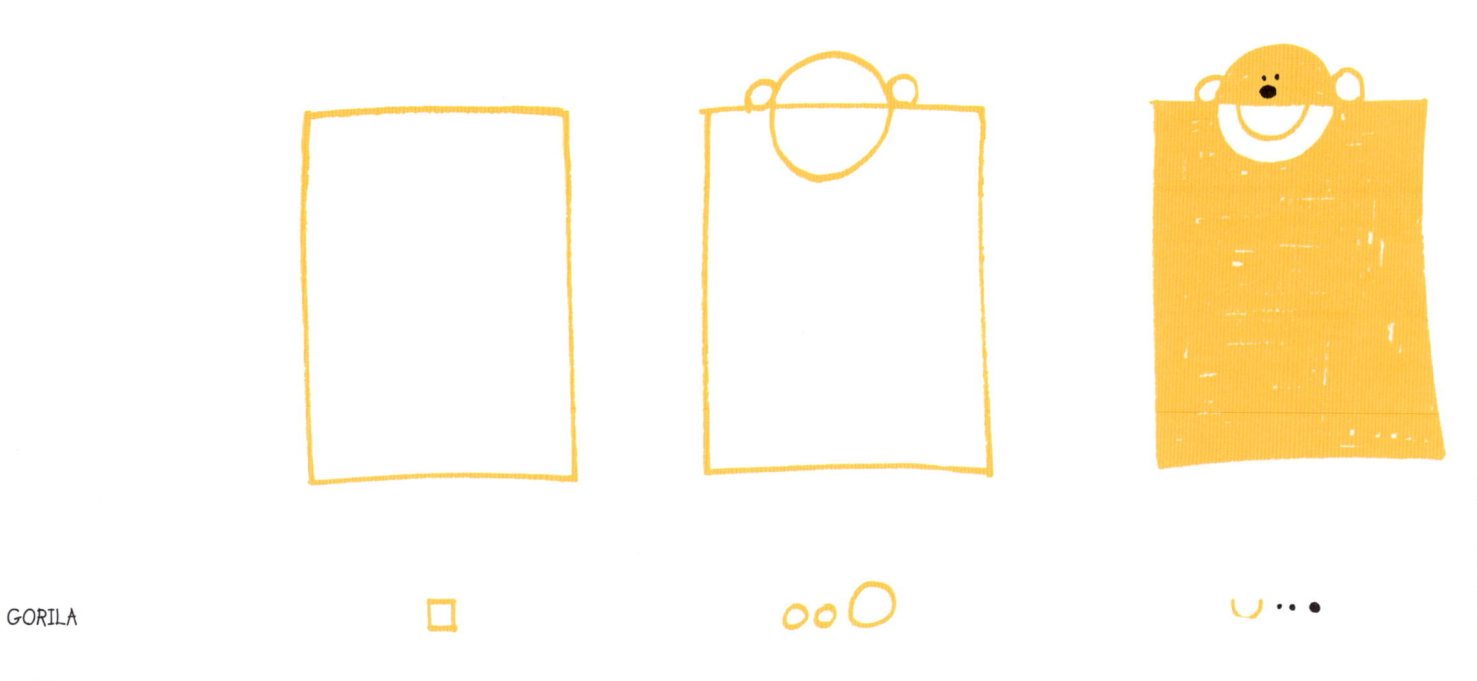

GORILA

26

cccc

•••　　○

cccc　　ϲ

oo　oo − —　　▼▼▪

LLLL

......　v ⊂⊂⊂⊂ ⊂⊂⊂⊂   ⊂⊂⊂⊂ ⊂⊂⊂⊂

GIRAFA

CROCODILO

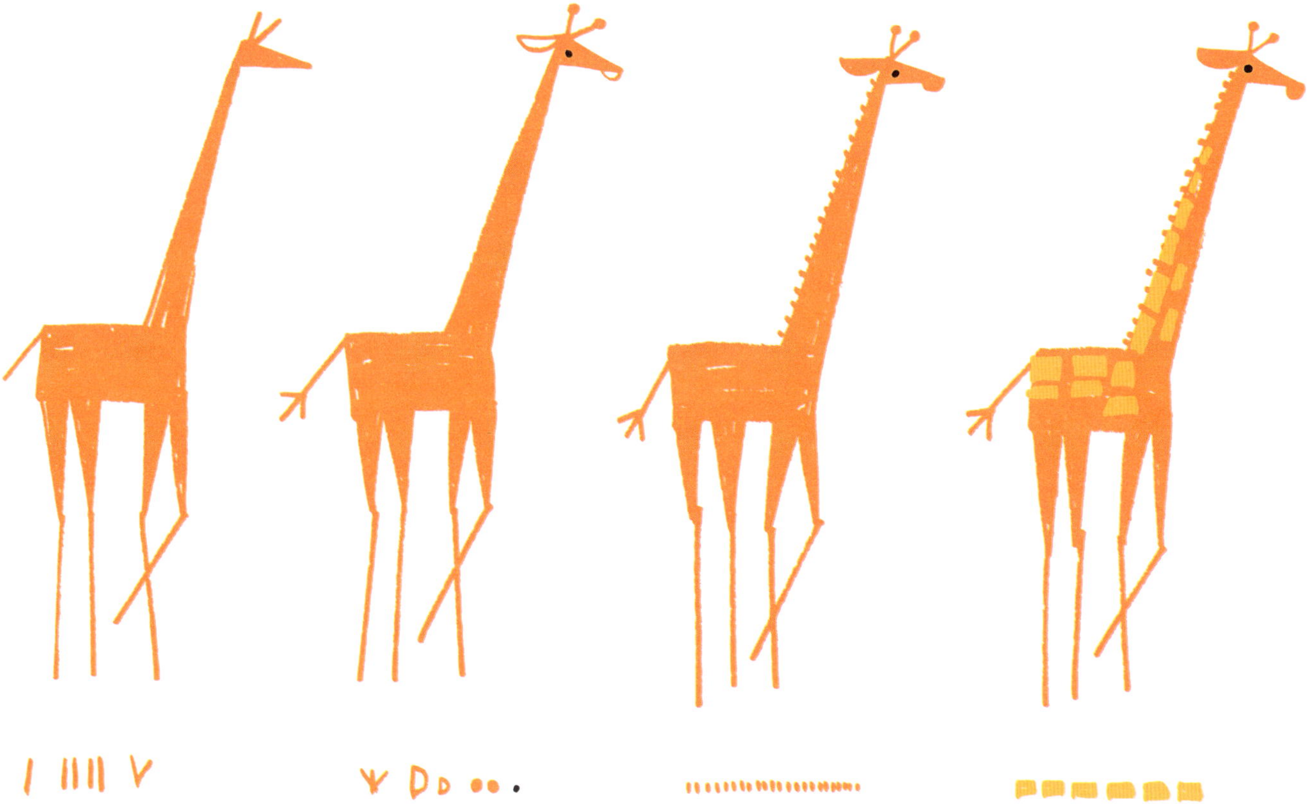

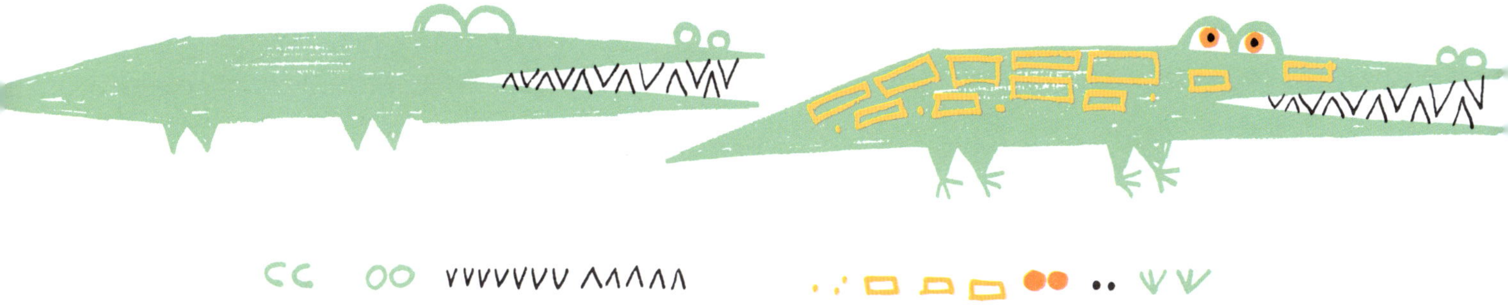

DRAGÃO D SSS SS

▲▲ VV VV | VV''''   ●● ○○   SS CC

|| || || MM V   ▲▲ ▲▲▲▲▲▲▲▲   ..

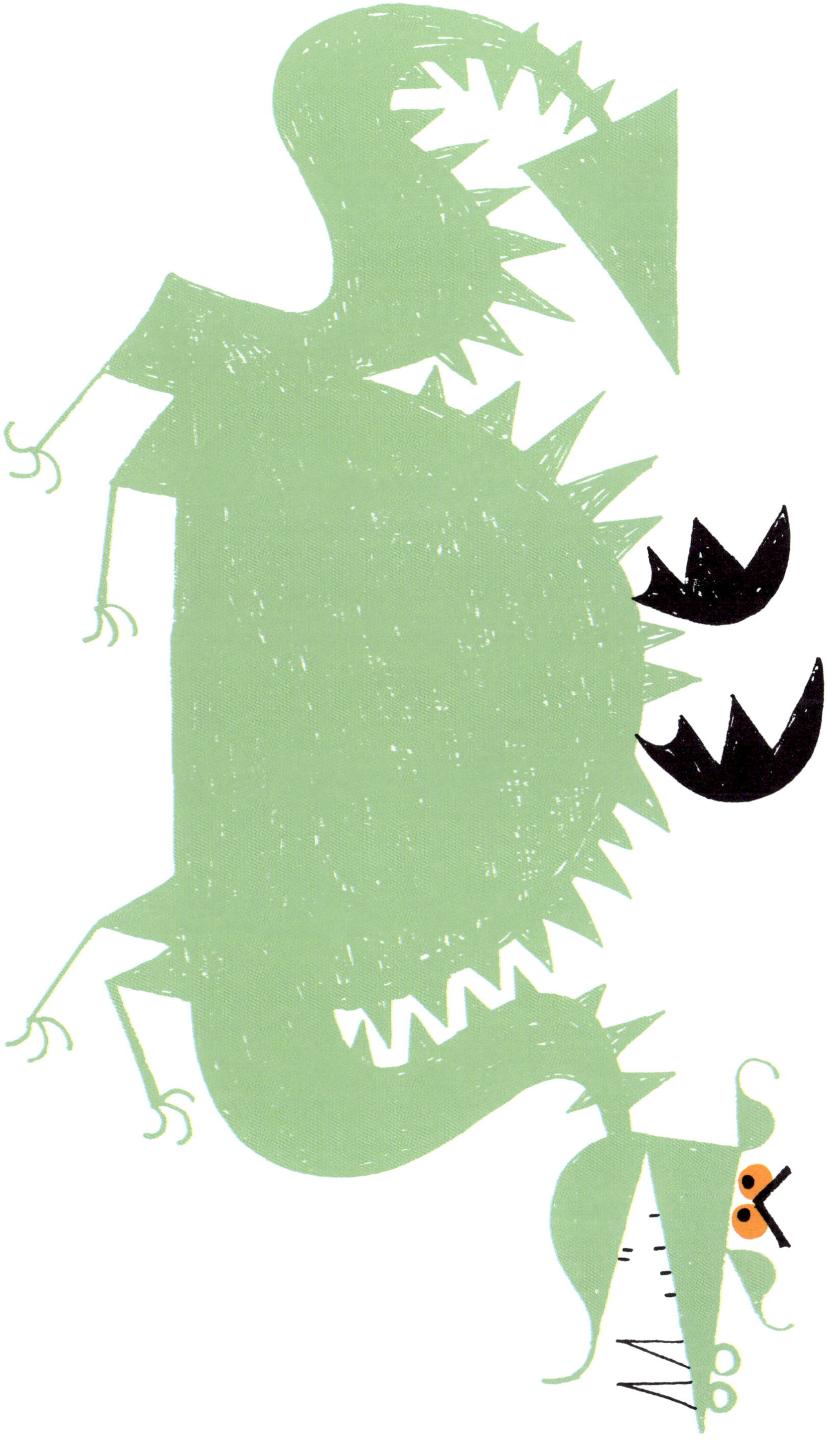

EXEMPLOS,

HÁ MUITAS MANEIRAS DE VOCÊ MUDAR OS DESENHOS. VOCÊ PODE...

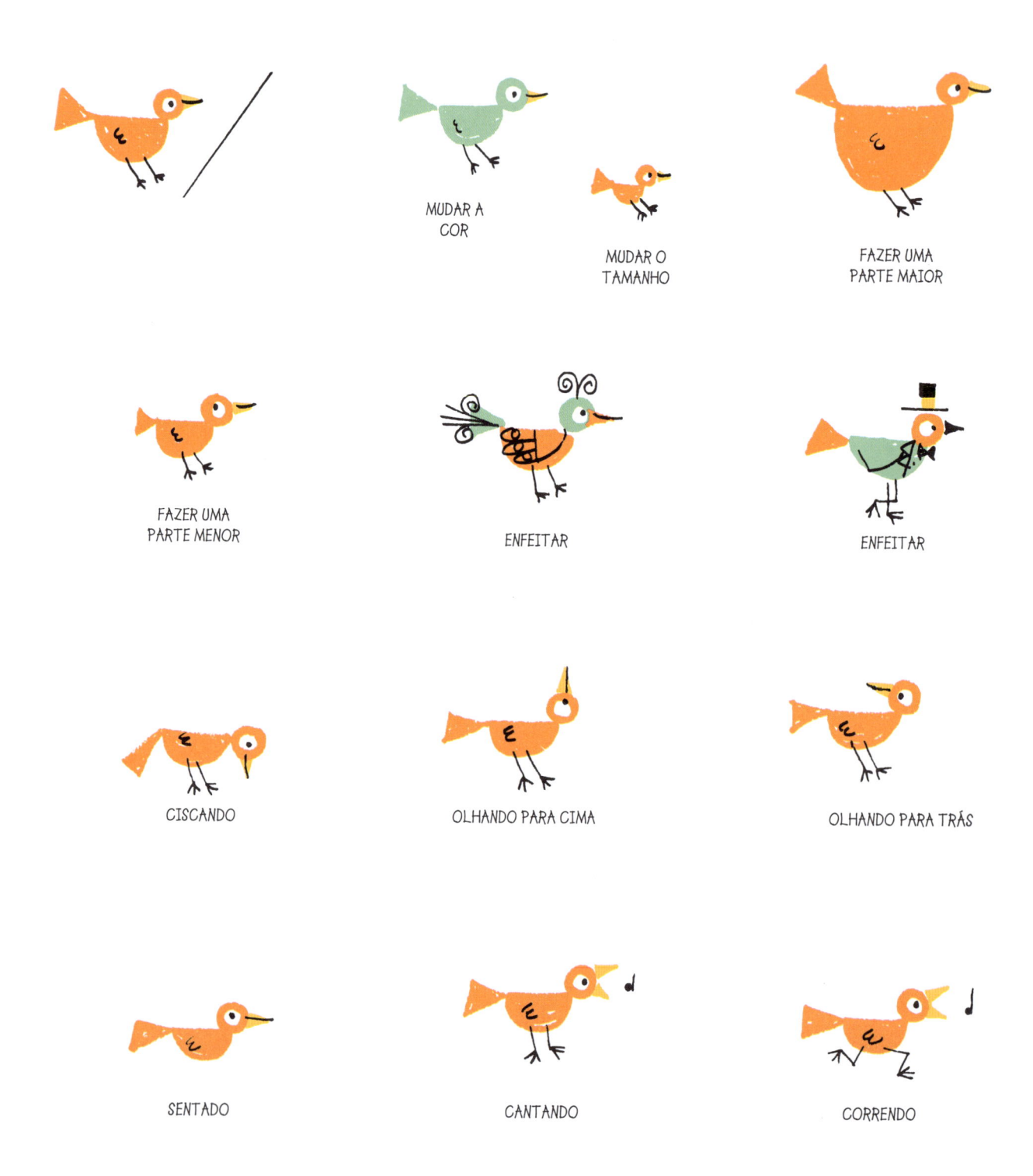

MUDAR A COR

MUDAR O TAMANHO

FAZER UMA PARTE MAIOR

FAZER UMA PARTE MENOR

ENFEITAR

ENFEITAR

CISCANDO

OLHANDO PARA CIMA

OLHANDO PARA TRÁS

SENTADO

CANTANDO

CORRENDO

DICAS E SUGESTÕES

VOCÊ PODE FAZER PESSOAS E ANIMAIS COM A FACE TRISTE, FELIZ, MALVADA, ENVERGONHADA OU NERVOSA MUDANDO AS SOBRANCELHAS E/OU BOCAS, COMO ESTES...

NERVOSO   TRISTE   NERVOSO   TRISTE
FELIZ   ENVERGONHADO   FELIZ   ENVERGONHADO
RINDO   MALVADO   RINDO   MALVADO

VISTO DE FRENTE   VISTO DE LADO

VOCÊ PODE USAR ESTE MÉTODO SIMPLES DE DESENHAR EM PARTES PARA CRIAR DESENHOS MAIS DIFÍCEIS. POR EXEMPLO...

MODELO   PREENCHER   ENFEITAR

SOBRE O AUTOR

Ed Emberley nasceu em Massachusetts, nos Estados Unidos, em 1931. Ilustrou mais de 100 livros infantis e é autor de várias obras para crianças. Para esse jovem vovô todo mundo pode ser artista, por isso seus livros ensinam a desenhar de um jeito bastante simples. Junto com outras honrarias, Ed recebeu o Prêmio Caldecott, um dos mais importantes da literatura infantil, e participa da Lista de Notáveis da Associação da Livraria Americana. No Brasil foram publicados os livros *Desenhando com os dedos*, *Desenhando faces* e *Desenhando monstros*, todos pela Panda Books.